献给用心看、用心感受的你。

让哲学的火花迸裂！

感谢肯特·古斯塔夫松（Kent Gustavsson）

和佩特拉·安德森（Petra Andersson）。

人文科普系列

未小读

UnRead Kids

像哲学家一样思考

哲学真有用

答案不是唯一的

[瑞典] 彼得·艾克贝里——著

[瑞典] 延斯·阿尔伯姆——绘

赵清——译

长江出版传媒

长江文艺出版社

目录

你是谁?

认识你自己

你想做什么?

在你生命中什么最重要?

好问题!

你怎样才能改变?

我应该可以变成一位王子……

5

世界上最幸福的生物体

来一趟思维探险之旅

你是否思考过：我是谁？我从哪里来？我到哪里去？你是否想过，在不同场合你的行为举止应该怎样以及什么是爱和幸福？你是否想过，哪些对待是不公平的以及电视中的场景在现实中真是如此吗？如果你的答案是肯定的，说明你已经进行过哲学思考。人是有灵魂、爱思考的哲学生物体。绝大多数人对世界、对自己都有很多疑问。通过一趟思维探险之旅，通过了解其他人对同一问题的想法，你可以得到逻辑上相对合理的答案。

我想把"思维大冒险"称为哲学，这次探险之旅不需要你收拾行囊，你可以兴之所至，随时出发。

这本书是关于你和其他所有人的。它还关乎人生！如果你让自己哲学思维的火花迸裂，这本书会带你到那些你绝对想不到的地方去。

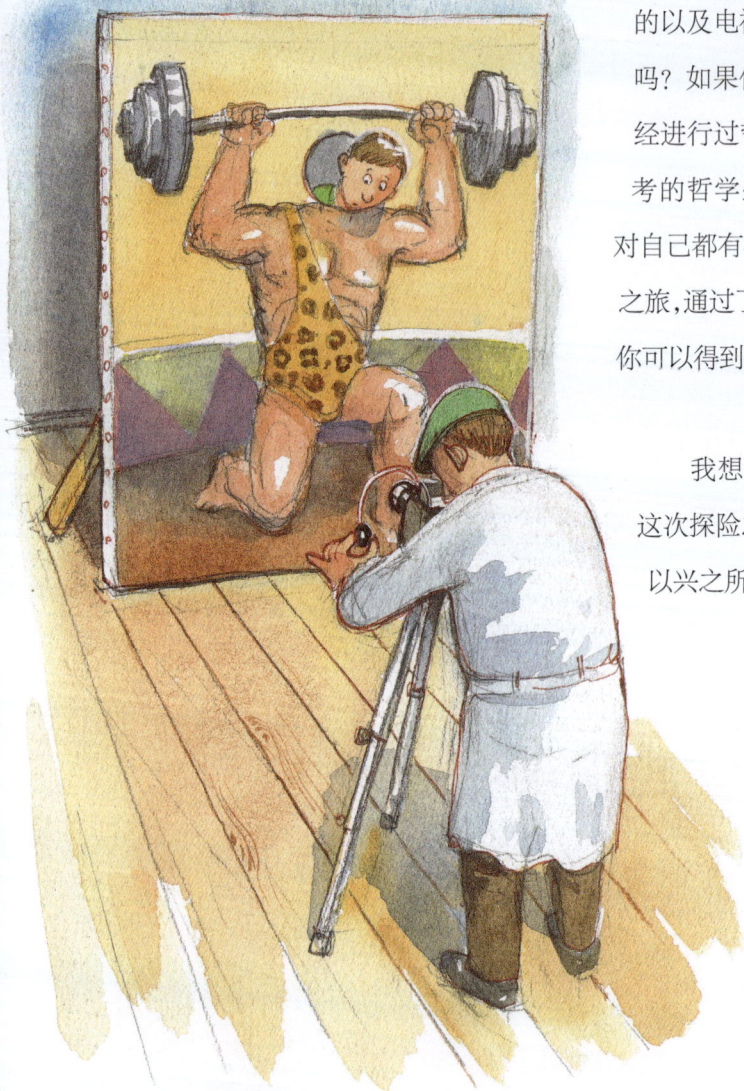

让我们从一个小小的思维实验开始吧。听起来有点儿奇怪？但很多人的确琢磨过自己是否真的存在，或者生命是否只是一个幻象。你是否也这么想过呢？哲学可以给出一个既快速又简单的证明，证明存在的恰恰就是你。试验一下，质疑你是真实存在的，试着这样想："我也许并不存在……"

对，就是这样！通过质疑你是否存在可以证明你的确存在。怎么证明？嗯，你在思考啊。如果你不存在，你就不能思考。

什么是幸福？

我也许并不存在。

我们永远都有选择的机会吗？

意义何在？

上帝存在吗？

生存还是毁灭……

你差一点就不存在

　　真的太不可思议了，存在的恰恰就是你。首先，必须得有一个宇宙存在，必须有恒星和行星，而其中至少要有一颗行星刚好处在距离恒星不远也不近的位置上。幸运的是，几十亿年前，生命在地球这颗行星上出现了。

　　让我们省略掉漫长的演化过程，从单细胞生物和微生物直接跳到比较现代的时间点。人类在热带大草原的某个地方试探性地迈出了在地球上的第一步。千年复千年，人类生存了下来，繁衍生息。一种又一种的文化诞生了，一种又一种的文化消亡了。

你的爷爷奶奶、姥姥姥爷刚好生活在同一个时代，而他们又在那么多人中恰巧遇到了彼此，这种机缘巧合使得你的爸爸和妈妈来到了这个世界。也许他们出生在不同的国家，又或者出生在同一个国家，但这都没关系。这次该轮到他们了！在茫茫人海，他们相遇，他们相爱，听起来是不是难以置信？如果你的父母决定在另一个时间点要孩子，那现在存在的就不是你啦。

现在，你有了生命。
你打算如何度过你的一生？
这是一个哲学问题。

是谁弄丢了你的好奇心

当你出生时，一切都是新鲜、陌生的。你第一次闻到气味、尝到味道、听见人们说话，但你真的明白它们意味着什么吗？可能一开始你并不理解。但是，后来发生了变化——你开始知道那个是妈妈，那个是爸爸，那是树，那是天空，那是太阳。这是你！

嗯……那个有胡子的一定就是爸爸……

你的语言在快速发展。有时候，你会说一些自己幻想中的东西，比如"床底下有绿毛怪"；有时候，你会说一些真实存在的东西，比如"苹果长在树上"。随着时间的推移，你长大了，你开始上学，你学习数学、阅读和写作。你现在感觉怎么样？你会发现很多东西不再是新鲜、陌生的了，它们不再令你感到兴奋。

或者？

最终，在这个有星星、河流、动物和植物的世界里，作为人类的我们竟会认为一切都是理所当然的，甚至觉得我们的存在一点儿都不特别。你是否还记得，在你习惯自己和周围的环境之前，你是怎样看待世界的？当有人把一棵树称作"树"时，它真的就只是"一棵树"吗？它究竟是怎样的生物体呢？

你是谁？
你是否习惯了自己和周围的世界？

做人还是做蝴蝶

很久以前，一位名叫皮科·德拉·米兰多拉（Pico della Mirandola）的哲学家写下了对人类的赞美，他写道："人类是所有生命体中最幸福的。"为什么会这么说？听起来让人摸不着头脑，他疯了吗？比如说，一只蝴蝶，它可以从一朵花飞到另一朵花上，它会不会比人类更幸福呢？皮科认为不会。我们人类是最幸福的，因为我们可以自由选择我们的人生。

一只蝴蝶从一朵花飞到另一朵花上，并不能确定这是蝴蝶的自由选择，它也许只是出于本能。同样，我们也不能确定一只蚊子是主动做出决定——"我今天也要吸血！"但人类不同，人类可以选择自己

皮科·德拉·米兰多拉

你看，我能做我想做的事。

还有……

要做什么、怎么去做。这使得我们可以按照自己的自由意志塑造自己，我们可以善良、慷慨，同时也可以周到、聪明。

但是，能够选择并不意味着我们一定就会选择好的东西。皮科说，人类也可能会沦成凶残的野兽，变得不在乎他人，对别人恶意相向。根据皮科的说法，人类不是被规定好的，我们不受任何限制和约束，可以把自己塑造成任何想要的样子。

你想怎样规划自己的一生？
列一张单子，写下你想要实现的梦想。

旅游　从事创造性工作　组建家庭

赚钱　结婚　看世界　成名　从政

找份有趣的工作　做科研　变得有钱　有所作为

写作　组建乐队　阅读

用功读书

我们共同努力来实现目标。

社会对我们来说意味着什么

如果你愿意为了实现自己的目标而不断努力，你也许能走得很远。而作为人类，我们已经走过了漫长的历史。我们拓展知识，我们发展社会。对亚里士多德来说，社会是人的自然场所。他认为，一个人可能遭受的最严酷的处罚就是被驱逐出自己的国家。从某种意义上来讲，他可能是对的。如果我们被剥夺了社会属性，同时也就意味着我们被剥夺了集体感和归属感，我们每个人都将被迫为了生计去打猎和捕鱼。那还会剩下什么呢？

你将没办法去咖啡馆，没办法去上学。你将失去所有选择的机会。为了填饱自己和家人的肚子，你不得不费尽心力。你无法规划未来，没有机会去思考你以后要成为政治家或者足球运动员、清洁工、音乐人、艺术家，还是从事其他职业，那些你想做的事情都将化为泡影！

机遇和可能存在于社会中。

我可以选择什么都不选吗

当你看到下面这四个字母时，你会想到什么？

先思考一会儿……

也许你会想："blue"是一个英文单词，意思是"蓝色"，或者联想到一种悲伤、忧郁的情绪，又或者联想到所有关于蓝色的东西，如大海、天空、衣服或一首歌？

重点在于，恰恰是你决定了它的含义。我们解释一切，赋予它意义。没有人类，"BLUE"就没有意义。

一些哲学家认为，你在某种意义上就像那四个字母——可以被任意解读，自由地赋予自己意义。你可以说：

> 这就是我！快乐、难过、有艺术细胞、精于科技、爱发脾气、平和、聪明、酷帅、胆小……这些都属于我。

没有人能替你决定。你本身并没有预先设定好的意义，就像皮科说的那样——你所做的选择决定了你是谁。什么意思？

> 我可以选择什么都不选吗？

嗯，也就是说，当你选择了画画、跳舞、演戏、弹吉他、弹钢琴、打鼓、摄影、阅读、跳水、插花或成为一名观鸟者的时候，也就意味着你放弃了很多你没有选择的事。于是，你的选择决定了你会成为一个什么样的人。

职业分男女吗

人类的职业有很多种：我们可以成为作家或者政客，也可以成为消防员或者电工；你可以选择在超市或者幼儿园工作，也可以选择在银行工作。有没有适合女性或男性的典型职业呢？绝大多数人对这个问题的回答是肯定的。但情况究竟如何呢？

我们身上的"男性属性"和"女性属性"有多少是由自己自由选择的？又有多少是被社会赋予的？什么是与生俱来的？

哲学家西蒙娜·德·波伏娃（Simone de Beauvoir）写了一本著名的书，在书中她这样写道：

女人不是天生的，而是后天形成的！

西蒙娜·德·波伏娃

也就是说，女性的某些行为方式是后天形成的。为什么会这样呢？

洋娃娃只属于女孩吗

　　其中一种解释：女孩子在小的时候有很大概率会得到粉色的衣服、各种洋娃娃和过家家的玩具，这一切似乎在为她们未来照顾孩子和家庭做准备，让她们变得甜美而乖巧。而男孩子则会得到蓝色的衣服、遥控汽车、各种工具和刀剑，似乎是为了让他们对众多科技物品环绕的快节奏生活有所准备。通常，男孩和女孩在其他方面还会受到区别对待。

如果一个小男孩摔倒，弄疼了自己，也许爸爸妈妈会喊道：

站起来！男子汉是不哭的！

如果一个小女孩摔倒了，也许爸爸妈妈会跑过来，抱起她安慰说：

可怜的孩子，疼不疼？

西蒙娜和许多其他学者认为，早期的互动模式影响着我们对典型男性或女性属性事物的选择，即使在我们长大之后也是如此。但不是所有人都认同这一观点。

有些学者认为，男性和女性之间存在着与生俱来的差异。简单来说，女人天生更加体贴，因此更擅长照顾孩子。男人体形更强壮，情感相对比较淡漠，因此更适合在热带大草原追捕野生动物（现在他们是在外工作）。不过，这在很大程度上也取决于一个人的成长环境以及男女之间的个体差异。

你是怎么想的?

西蒙娜·德·波伏娃认为，我们是可以自由选择的。毕竟，还是有很多男人选择留在家中照顾孩子，很多女人在外过着快节奏的生活。

人不能两次踏进同一条河

这一秒的我还是上一秒的我吗

"人不能两次踏进同一条河。"一位名叫赫拉克利特（Heraclitus）的哲学家说。
他这句话是什么意思呢?

> 毫无疑问，人不仅可以两次踏入同一条河，而且多少次都可以！只要从河里上来再踏入河里，然后再上来，再下去……

> 一切事物都处在不断运动和变化当中，人第二次踏入的河的确不再是同一条河，原来的水流走了，这时在河里流淌的是新的水。更何况，有时河床是干涸的，有时前一天还水流湍急，第二天河水就在无声无息地流淌啦。

我就是我呀。
可那也是我呀……
嗯……

但正如你所知，我们人类也在发生变化。你几次踏入同一条河时，不仅河在变化，你也一样在变化。这是一个引发哲学家诸多思考的问题：我这一生中变化如此之大，可我却还是同一个人，这究竟是怎么回事？还是说，我们一生中各个阶段的自己并不是同一个人？你现在和你刚刚出生的时候不一样，和你三岁、八岁的时候也不一样……你在二十岁、三十岁、一百零五岁时也会不一样。可无论处在哪个年龄，你都还是同一个你，不是吗？

这两者怎么统一？

当所有细胞都被替换，我还是我吗

有一种解释说，我们的大脑，尤其是大脑的记忆功能赋予了我们一种存在的连贯性。尽管我们一直在改变，但我们记得这些变化，至少那些最重要的变化都记得。我们见证了人生中那些变化的发生和发展。在学校考试得了满分的记忆属于我，同样，考试考砸了、我的虎皮鹦鹉在我去树林里玩的时候死了的记忆，也都属于我。

另一种解释说，尽管我们的容貌从出生到死亡一直在变化，但我们的的确确从头到尾都只拥有同一个身体。我们体内的细胞在一生中一刻不停地被替换，当所有细胞都被替换，我还是我吗？总之，这是一个非常有意思的问题。

> 如果把一条小船上的木板一块一块地全部更换掉，那这条船还是原来的那条吗？经过这么多年，现在的你跟多年前的你还是同一个你吗？

你想要获得永生吗

　　"想想死亡"——墓地的入口处写着这样几个大字。难以理解！为什么我们好好的要去想死亡这件事呢？难道我们尽可能去忘掉这悲伤的事情不是更好吗？也许并不是。

　　有一位名叫马丁·海德格尔（Martin Heidegger）的哲学家是这么说的："在真正思考死亡之前，你从未真正活过。"这话听起来也许有点儿怪怪的，但也确实意味着，我们在终将到来的死亡（希望可以在遥远的将来）的阴影下，对生命的体验会更加强烈。当我们知道，生命有一天会结束，它并非永恒持续下去的，这会让我们学会珍惜生命。我们活在当下，不是未来，就在今天——我们经历着、感受着！以海德格尔为代表的存在主义哲学是对生命的礼赞，是关于生命的哲学。它帮助人们理解人生的机遇和可能。

马丁·海德格尔

海德格尔认为，人类是唯一知道自己会死亡的生物，这一点与猫啊牛啊一类的动物不同。但是，绝大多数人都把这种对死亡的认知抛诸脑后。我们假装自己不会死。海德格尔认为，这样是错的。他说，想到自己的死亡能够给我们带来强烈的快感。这是什么意思呢？

海德格尔的意思是说，当我们知道自己不可能永生时，便会以更充沛的精力和更饱满的兴致去生活。想想看，人要是永远都不死的话会怎样？那有些事情就不是非今天做不可了，我们可以把一切都往后推，确切地说，把一切无休止地拖延下去。这听起来可不太好。

你一定是个悲观的家伙，海德格尔！

恰恰相反！

你觉得，
生命在什么时候是最好的？

你想要获得永生吗？

获得更多就能更幸福吗

很多人对物质和经历充满渴望，认为物质和经历越多越好，于是一刻不停地去追逐。亚瑟·叔本华（Arthur Schopenhauer）是一位德国哲学家，他对人类为什么永不满足这一现象有着深入的思考。

叔本华认为，人生就是苦难。我们逃不出挫败和厌倦的掌心，只能在两者之间来回徘徊。当无法获得想要的东西时，我们会产生挫败感；当获得了想要的东西时，我们很快就会感到无趣和厌倦。

渴求一件新东西的欲望可以强烈到令

亚瑟·叔本华

人心碎。一旦得到了这件东西，我们可能会感到很幸福，但这种幸福感转瞬即逝，然后我们就再也不把这件东西放在心上了。这时我们已经瞄准了另一件东西。

嗯……是有那么一点点快乐和幸福……

你觉得是这样吗？你感到满足吗？如果是，你的满足感能持续多长时间？

来自悲观主义者的幸福观

叔本华认为，沉浸在艺术和音乐中是人类唯一感觉良好的时刻。好看的书、精彩的艺术作品，尤其是迷人的音乐能让我们忘记烦恼。这里他说到了一个重点——真正的艺术能够触动我们的心灵，甚至会让我们萌生出自己也要去创造些什么的冲动。

叔本华还有很多关于死亡的有趣说

法。例如，他说，人的一生其实就是漫长的死亡过程，过往只是一大堆不再存在的时刻的堆积。这听起来真令人沮丧！但是，在叔本华看来，我们还是会紧紧地抓住生命不放，因为我们有着强烈的生命意志，而这对所有生命来说是共同的。

佛教也说众生平等，万物有着相同的根本，其中一个根本就是爱与善。而对叔本华来说，意志是邪恶的，因为它会导致挫败和失望。

你是个悲观主义者吗？

嗯，是的，没错。

失望

挫败

我想要！

糖果

选择太多？其实只有一个

回到选择这个问题上来！丹麦哲学家索伦·克尔凯郭尔（Søren Kierkegaard）认为，我们在生活中做出的各种选择是极其重要的。他通过提出一个难以回答的问题表明了这一点：

索伦·克尔凯郭尔

在你弥留之际，你觉得人生中什么最重要？

思考一下。

你的回答是什么？你觉得，是那些你获得的东西重要，还是你的家人和朋友重要？是做一个有很多钱的人重要，还是做一个笑口常开的人重要？

对亚里士多德来说，人与人之间能够感受到彼此的友谊很重要。没有什么能替代这种认同感。

亚里士多德

如果注定只能独自度过一生，那么没有人会愿意去拥有整个世界。

这么说没错吧？如果给你两个选项，独自拥有全世界，或者拥有真正的朋友和家人，你会如何选择呢？

成为一个好人最为重要

古希腊哲学家苏格拉底是一个不折不扣的"街头游民"，他到处找人交谈、问问题、追问他人的回答。一些年轻人因为喜欢他的哲学思考，成了他的拥护者。但是，也有很多人觉得他很讨厌。

苏格拉底认为，一个人最重要的任务就是努力成为一个好人。他试图让人们减少对事业、外表、财富等外在事物的兴趣，更多地去关注内心和思考。

财富在这里。

对苏格拉底来说，幸福意味着一种心灵的无拘无束。一个过分在意外貌、身材、财富、穿着和地位的人是逃不开厄运的。我们随时都有可能失去财物和地位，我们的身体会逐渐衰老，但我们在成长中发展出的至善美德和获得的洞察力会伴随我们一生。这就是苏格拉底所谓的心灵的无拘无束，内心的幸福不受外在条件的羁绊。

未经审视的人生不值得过。

苏格拉底是这么认为的。你呢？你是想要一生浑浑噩噩，对世界和自己知道得越少越好，还是也想像苏格拉底那样求知永无止境？

苏格拉底

如果可以重新来过，你要怎么选

一些哲学家认为，如果一个人不知道他生命中的每时每刻都充满了选择，那他就不能算是一个"真正"的人。也许，你的选择过多地受到了他人的干预，而不是完全由自己做出的。这样一来，你就会盲目追求其他人喜欢的流行音乐，或因为外界的怂恿就去招惹别人。

很多人犯了错会推卸责任，假装自己是无辜的。他们逃避，不愿为自己的所作所为负责。很多哲学家认为，我们应该避免一味地责怪自己或把错误归咎于别人，而是要为自己的行为和选择承担责任。

你常责怪自己吗？
有必要这么做吗？

认真思考:

如果可以重新来过,
你是否会做出不同的选择?

你对自己人生中已经做出的
选择感到满意吗?

我们是否会陷入
别无选择的境地?

在必要的时候,
你敢和你的朋友说实话吗?

什么使可乐成为可乐，而非橘子汽水

什么使你成为你

　　哲学家让 - 保罗·萨特（Jean-Paul Sartre）认为，人类最开始的处境是相当糟糕的。我们赤身裸体来到世上，被扔到一个我们一无所知的世界里。人生就是一趟发现之旅，我们在旅程中发现自己是谁、身处哪里。我们通过自己做出的各种选择变化、成长，度过我们的一生。

　　萨特称之为"存在先于本质"。但本质到底是什么呢？其实，本质就是使某物区别于其他物体而恰恰成为某物的东西。可乐饮料里的某种物质使得它成为可乐，而不是橘子汽水。一个人的本质就是那个让你成为你、我成为我的特质。

> 首先是人存在，然后才有了本质。

让-保罗·萨特

> 你的本质是什么？
> 你的典型特质是什么？

你想过哪种人生

存在不仅仅是"存活于世"，这还远远不够。我们可以把人生比作骑在野马背上，我们飞驰向前，身体被甩来甩去。如果我们抓紧缰绳，那至少还可以稍稍控制一下这匹马（我们的人生）。但是，人的一生中会发生很多事情，有些事情我们可以掌控，而有些我们却无能为力。

你无法控制你的亲朋好友什么时候死去，你无法控制学校每天发生怎样的事情，你也无法控制星星闪烁、狂风呼啸。但仍有很多东西是你可以掌控的！如果你不能跨上人生的"野马"，去真真切切地过自己的生活，珍惜自己的选择机会，那么人生就如同躺在老马拉的一车晃晃悠悠的干草堆上睡觉一般。这种人生很平静，但也许会索然无味。当然，也有可能会很舒服。

哟吼！这才是人生！

这才是人生！

什么使你幸福? 什么使你难过

  我不知道你会怎样回答这两个问题。也许你感到快乐是因为做成了某件事、和一个久未联系的好友通了电话、看到人与人之间真诚相待,或者是因为与朋友们在一起、你感受到了被爱、你感到自己对于别人的重要性,再或者是那些你站在舞台上弹奏电吉他的时刻,又或者你只是因为雷鸣声而感到快乐。

  同样,当你搞砸了某件事、想要放弃、面对其他人的指手画脚、听闻发生的种种灾难或父母生病时,你也许会感到难过。或许,你决定再努力抗争一下。正如赫拉克利特说的那样,你改变了。这意味着你在活着,你是一个"真正"的人。

比如说，先想象一把椅子，它没有选择的自由，椅子永远只能是椅子。

椅子和其他物品是无法发展自己的，它们没有感觉，不会改变。

我们可以给椅子刷上油漆，甚至重新改造它们，最后，它们会因为磨损消耗而坏掉，但椅子自己无法决定这一切。

但我们人类拥有自由意志，可以通过自己的选择成为我们想要成为的人。这意味着很大的自由。

可是也许你会想，当一个人重病缠身，或身患残疾，或贫困潦倒，或身处监狱，那他能怎么选择呢？这个问题的确不好回答。但是，不管在什么样的条件下，人总还是有一丝丝机会，可以做出选择，可以掌控自己的人生。你可以选择你的想法，可以选择如何发展自己的人生、兴趣等。

你能感受到
自我创造的自由吗？

你的幸福由谁决定

可是，人真的有那么多的选择吗？例如：选择变得勇敢起来。好吧，为什么没有呢。

哲学家亚里士多德认为，勇气是两个极端的折中，是可以培养和锻炼的。

其中一个极端是怯弱。这样的人什么事情都不敢做。

处于正中的是勇气。

另一个极端是接近愚蠢边缘的鲁莽。这样的人什么事情都做得出来（也许会伤及我们自己或者其他人）。

对你来说，勇敢意味着什么？
你做过什么真正勇敢的事情？
为什么勇敢很重要？
对你来说，最难做和最难说出口的是什么？

亚里士多德认为，勇气是"人的美德之一"。除了勇气，还有很多美德需要培养。也就是说，在这一生当中，我们可以发展出各种优良品质，如果做到这些，我们就会感到幸福。

例如，可以培养的美德有：

勇气
慷慨
诚实
友善
自尊
自制力
公正
智慧
幽默

不友善　　　　　适度友善　　　　　过分友善

里面请！

……不过我应该能够习惯吧。

极度谦卑

友善介于恶毒、敌意和无休无止的过分友善之间。诚实介于谎话连篇和时时刻刻不惜任何代价都要讲真话之间，即使根本没人征求你的意见！某人的新裤子不好看，或者新发型看起来很糟糕，没人请你来发表这样的评论，也许这种话既不真实，也完全没必要说出口，你认为呢？

我经常撒谎！

噢，是吗？现在也是吗？

你觉得美德是可以培养的吗？
其他品质的极端情况会是什么样子？

你在乎别人的眼光吗

　　另一种精彩的"存在"方式是在别人眼里。别人怎么看我？我在别人眼里是什么样子？我们几乎时时刻刻都和其他人在一起，你可能从没想过这个问题，但我们是在和其他人的共处中"存在"的。比如说：你的美丽需要有人看到并得到肯定，否则这种美丽是不是就毫无意义？

　　不管怎么说，当我们与"其他人"共处时，我们会发现自身的一些东西，有好的，也有不好的。微笑、轻拍后背会让我们感到愉快，但如果别人对我们视而不见、爱搭不理，我们则会感到难过。有时人们也许会对你说："你是个这样或那样的人，快乐、聪明、腼腆或者别的什么。"

　　你会是什么感觉？

咔嚓！

萨特和其他一些哲学家认为，其他人在试图把你套进一个其实你本没有的框框里，就像我们给女孩公主裙，给男孩工具箱一样。也许你会想，"我一点儿也不快乐，也不聪明，也不腼腆"，等等。但与此同时，能够被别人看到通常是件好事。我们会发展成别人口中的样子，不全是片面的和被错误解读的。当你的朋友、家人和其他人给你肯定时，这种感觉一定很好。承载着别人的期待是达到人生新目标和新高度的一种方式。

你觉得其他人是否在以一种"对"的方式解读你？

我们能纠正所有的错误吗

如果我们永远都有选择的机会，那么现在是时候为我们的未来做出选择了！人类总是能够找到新的解决方案：我们在江河流域发展人工灌溉来改善农业；我们发明印刷术和造纸术，从而使知识能够以便捷的方式传播给大众；我们发明罗盘、精进航海技术，这样我们就可以探索世界；我们构建庞大的社会；我们利用核能、风能、水能、太阳能等，从而为房屋供暖以及为社会生产提供能源。

我们制造汽车、飞机、微波炉、电脑、玩具和手机；我们发展医疗科技，从而活得比以前更久；我们把人类送上月球，把航空探测器送上火星；我们甚至开始探寻其他行星上是否有生命体存在。

然而现今，也许人类对科技的应用已经越界了。各种杀伤性武器随着科技的发展应运而生。并且，对地球上所有生命都有害的有毒物质从工厂、汽车和飞机中排放出来，这些物质可能会对围绕着地球的大气层造成危害。问题是，我们仍在一刻不停地做着对环境有害但认

为理所应当的事情。例如，经常开车出行、无节制地使用一次性物品。长此以往，全球的环境问题会更加严重。随着全球气候变暖，有些国家可能会变成荒漠，而有些国家可能会因南极冰川融化而被淹没。

各种各样的污染物弄脏了我们的水，喝到干净的饮用水和吃到健康的食物变得越来越难。有些人认为，只要科技更进步一些就好了，这样就能找到更好的解决办法，我们就能留住那些美好的事物，问题也就迎刃而解。而有些人认为，我们必须大幅度地减少使用很多我们现在觉得理所当然的东西。

你觉得呢？
我们能纠正所有的错误吗？

现实没有的，想象可以弥补

没有想象，世界会怎样

想象你在土星光环上跳舞，想象你像超人一样飞过高高的树梢，想象你眼前看到的是一轮绿色的太阳……

几乎没有什么比想象更司空见惯的了。绝大多数人每天都在想象，而人们通常并不会去思考我们究竟是如何能够"看到"眼前没有的事物的。想象力是一种无与伦比的能力。通过想象力，我们可以想象从未经历过的事情，也可以创造出全新的东西。

我们想象出了童话、艺术、音乐、舞蹈、电影、政治和科学。多亏了想象力，我们才能看到新的可能，想出新的办法。如果没有它，我们永远无法想象未来是什么样子。在想象力的帮助下，社会得到了发展，我们自己也获得了成长。试着想象一下，你希望自己的人生是什么样子的，你也可以想象人生的其他可能性，然后根据这些来修正你当下的生活。这一切都归功于想象力。但是，到底什么是想象，它又是怎样发挥作用的呢?

谁的"玫瑰"更清晰

亚里士多德是最早描述想象力的哲学家。他尤其描述了在引起感官印象的事物消失后如何将这种印象保留在头脑中。这是什么意思呢？

想象一下，你正在看一枝玫瑰。当你闭上眼睛或者走开时，你会以某种方式随身携带这枝玫瑰。在你的头脑中，你有了一幅这枝玫瑰的影像，一种类似于这枝玫瑰的某种复制品的图像。对有些人来说，想象一枝玫瑰的画面就如同亲眼看到它一样清晰，但有的人则完全没办法在头脑中想象出玫瑰的画面，他们也许只有一种隐约的感觉。而有些人可以运用想象力看到一枝玫瑰，只是图像会比较模糊，没有现实中那么清晰。

想象可以创造现实

想象的画面通常和一个人形成的感官印象很像。想象埃菲尔铁塔和亲眼看到它是两种类似的体验，但又大相径庭。我们只要愿意，随时随地都可以想象埃菲尔铁塔，但我们却不能随时随地看到它。想要看到埃菲尔铁塔，那我们必须去巴黎才行。

有人说，当我们想象时，我们在使用我们的"内眼"。我们一定有一只"内眼"吧，因为即使闭着眼睛，我们仍能够看到想象出的画面。但我们头脑里并没有第三只眼（而且脑子里黑黑一片，即使有眼睛也看不到东西呀，就算有手电筒也没用），科学给出的最新解释是，我们使用大脑的同一处区域来处理看到物体时和想象物体时的反应。

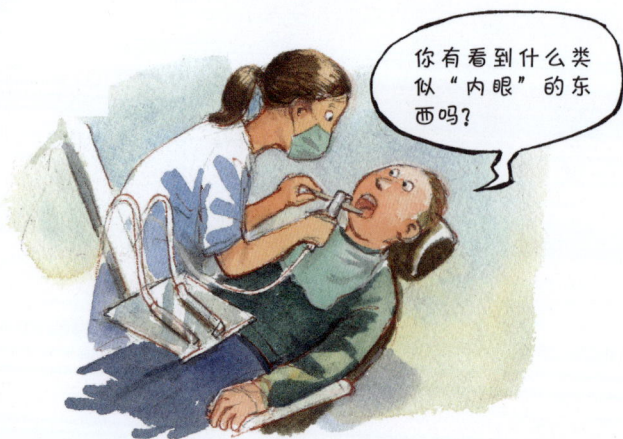

54

人们也可以想象一些从未亲身经历过的事情：

想象一下，你正盘旋在埃菲尔铁塔上空。你当然可以想象出这样一幅画面，对不对？一些对想象力有所研究的专家认为，人无法想象自己没有经验的东西，但是大脑会在你的众多经验中进行复制、粘贴，从而拼凑出想象的画面。你也许有过从高空快速降落的经历，或者在游乐场坐过飞行转盘这类游乐设施，又或者体验过飞机迫降所带来的感觉。并且你也知道，埃菲尔铁塔是钢铁材质的。至此，距离拼凑出一个全新的想象图像也就不远了。

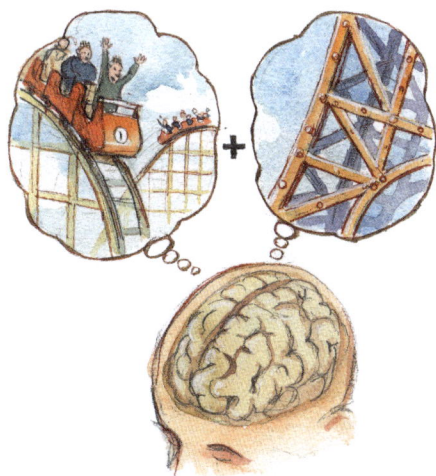

不管怎样，这是一个开始……

另一个例子是美人鱼。美人鱼在现实中并不存在，但却是由真实存在的东西拼凑出来的——人的上半身和鱼的尾巴。这样，我们就能把不同的印象结合起来，创造出新的事物。

这不是真的！真的吗

是时候进行一些想象力实验了！先来试试第一个：闭上眼睛，数一数你居住的房子或公寓有多少扇窗户。

嗯，让我想想看……有 2153 扇窗户。

数对了吗？很好！这个例子表明，想象具有解决问题的能力。有趣的是，人们会通过两种方式来完成这个任务：一种就是在家中"走上一圈"，数一数有几扇窗户；另一种则是"走出家门"，到外面去数一数。

现在想象一下，你拥有一只驯服了的长颈鹿，你骑在它的背上，正置身于热带大草原。突然，一头咆哮的狮子从树林后面蹿出来，直直地向长颈鹿扑去，于是长颈鹿惊慌失措地在草原上狂奔起来。

此刻，你的两只胳膊会放在哪里？

很多人会双臂紧紧搂住长颈鹿的脖子，或者抓住它脖子后面的鬃毛。有些人会以闪电般的速度给长颈鹿套上缰绳，像骑马一样飞奔起来，然而，并没有人会真的去骑长颈鹿。

这个例子表明，想象作为一种验证方式是非常重要的，事情在现实中发生之前可以在想象中进行验证：如果你真的骑着长颈鹿走在热带草原上，突然遭到一头狮子的袭击，你要怎么办？还是先有所准备的好！

下面的例子也是如此。例如，在考试前复习功课，或者在帮助别人搬家前认真思考怎样把沙发这个庞然大物塞进电梯里去。也许你会想象做一个歌星会是什么样子，想象亲吻你爱的人会是什么感觉，总之，人们会在行动之前预先在想象中进行练习。

现在想象一下：试着让一片白色的羽毛飘在空中。在想象中让它高高飞起，然后看着它在空中打着旋儿，缓缓飘落，轻轻地落在地面上。然后再想象以同样的方式让一块重四百千克的大石块从空中缓缓飘落。

你有什么感受？那会怎样？

绝大多数人都会觉得，在想象中让一块大石头缓缓飘落比让一片羽毛盘旋在空中要难得多。但在想象中，一块重四百千克的大石块其实并没有现实中那么重。在想象中，我们不是想做什么就做什么吗？羽毛和石头之间应该是没有区别的。但事实并非如此。

就像我们在美人鱼和埃菲尔铁塔的例子中看到的那样，这个想象实验表明了经验对想象起到了一定的作用。我们知道重的物体是怎样运动的，因此这一认识影响了想象。练习下，再重新试一试，想象让石块缓缓地落在地面上。

闭上眼睛走路会迷路吗

当你在林中散步时，你必须注意脚下的路。但是，你并不需要目不转睛地看着地面。如果你闭上眼睛或者看向别处，你也不会迷路。你的感觉会告诉你什么时候该避开脚下的石头、什么时候该拐弯。这种感觉没法持续太久，但每次那几秒钟就足以保证你在散步时不必总看着脚下的路。想象为你创造了一个动态的画面，让你知道面前两三米的世界是什么样子。

这一能力的巧妙之处在于——你可以一边走路，一边和你的朋友聊天。

你是否想过，你的身体、你的生命和你的思想都是你的财产呢？

生命的意义是什么

别忘了你自己

哲学家奥古斯丁（Augustinus）说过这样一句话："人类曾经崇拜星辰、山川与河流，却忘掉了自己。"

有道理！如果你经常看电视新闻，你会发现，人类更多时候是好勇斗狠、争论不休的，但我们同样也值得被崇拜。通过想象和一个又一个的选择，我们实现了如此多的成就！

你是否想过，我们也许是整个宇宙中唯一穿衣服、玩游戏、拍电影、写书的生物？我们还创造了科学、音乐和艺术。

我们思考什么是对的、什么是错的，我们规划未来，我们活到老学到老。人类是为发展而生的！虽然人类也引发了很多的争执，带来了很多的麻烦，但似乎人类的本质就是好奇和热衷于探索发现。我们富有创造力，我们能够创造出以前没有的东西。这一切都归功于人类！但也许这些都太习以为常了，以至于大家忘得干干净净。

人可以不依赖社会存在吗

法国哲学家让-雅克·卢梭（Jean-Jacques Rousseau）不同意霍布斯的观点，他的思想在某种程度上恰恰与他相反。人类的幸

奥古斯丁

重新审视你自己！

让-雅克·卢梭

福感可以在社会外获得。卢梭认为，在自然状态下，原则上人类是独自存在的。我们在这个世界上漫无目的地行走，只要不饿肚子，那我们就是满足的。

我们可能会碰巧遇到一些人，随着时间的推移，我们组建成家庭和更大的"社会"，这时问题就出现了。慢慢地，我们开始相互比较。

谁更好看、穿得更好？谁更优秀？我们开始伪装自己，不再自由自在。我们陷入了一场游戏，潜意识里不再认为地球属于所有人，却又不属于任何人。

我们开始分割土地并宣言："这是我的，你不允许待在这里！"

随之而来的就是战争、犯罪和疾病。我们寻求更多的财富。我们想要拥有多一些、再多一些，永远不会满足。但卢梭认为，人的本性是善良、纯洁的。

随波逐流
可轻松多了!

随波逐流可轻松多了

人既可以变得善良美好，也可能会兽性大发，正如皮科·德拉·米兰多拉在本书前面说的那样——我们的选择决定了我们是谁。

索伦·克尔凯郭尔认为，太多的人都在随波逐流——别人做什么自己就做什么。根据克尔凯郭尔的理论，这些人原则上根本没有自己的思想。他们所认为的一切只是因为别人也这么认为。事实上，我们很难分得清，哪些想法是来自自己，哪些是来自外界。我们是真的想要那件东西，还是仅仅因为广告说它很好，我们抵抗不了诱惑而想要拥有？

那随波逐流又有什么错呢？事实上，这可能会带来致命的结果。所以，我们

试着想一下，
什么是你生活中
真正不可缺少的?

应该承担起责任，而不是任由可怕的事情发生。

克尔凯郭尔还认为，人如果只知道寻求乐趣是愚蠢的。也许重点就在于不要为了一味地寻求刺激就拒绝枯燥，有趣、精彩也正是因为有了无聊的映衬。在寂静中，你才有机会聆听自己的心声。克尔凯郭尔也不喜欢毫无意义的闲谈。他认为，我们应该谈论有意义的事情，如人生，还有哲学。

你们真的看到这个苹果了吗？

当然！

其实，你们看到的只是苹果的表面，而不是整个苹果。如果你们站得远一些，那苹果就会看起来很小；如果你们站得足够近，那它看起来会特别大。还有，苹果真正的颜色是什么？是正午太阳高挂时呈现出的颜色？是早晨、下午或者阴天时它看起来的颜色？还是什么别的颜色？

行了，打住吧！

柏拉图

哲学不会袖手旁观

哲学是我们了解世界最有力的工具，它有着巨大的力量：在关于我们所有人最根本的问题面前，它不会袖手旁观。我们可以抓住那些重大的问题，找到解释和答案。

哲学家柏拉图是苏格拉底的追随者之一。柏拉图著名的洞穴比喻可用来表明哲学对人的影响。洞穴之喻讲的是，在一个山洞里，一批人被铁链锁了起来，他们无法动弹，只能看向前方，看到洞壁上物体的影子。例如：他们看到一棵树的影子，于是便认为："那是一棵树！"

一天，其中一个囚犯挣脱了锁链，逃出了山洞。他在强烈的阳光下眯起了眼睛，清楚、明白地看到了树和这个世界真实的样子。

哇！

柏拉图的洞穴之喻告诉我们：缺乏哲学思考的人，就如同那些被铁链锁住坐在黑暗洞穴里的人，他们终日看着洞壁上的阴影，认为树的阴影就是真实的树；而那些经常进行哲学思考的人就如同挣脱了镣铐，清楚、明白地看到了阳光下真实世界的人。

都是哲学的功劳

柏拉图认为，我们每个人都应该从哲学的角度进行深入的思考，这样才能挣脱锁链，走出山洞，看到世界本真的样子。哲学可以帮助你看到自身和生命中更多的可能性。在哲学的帮助下，你可以选择属于自己的人生道路，获得独立思考的自由，而不是过度依赖父母或其他人说了些什么。现在，你会得到一个有效的思维方式！

成长的空间永远存在

当你在沙滩上看到靴子留下的一串脚印，会得出怎样的结论？

a) 一个穿靴子的人从沙滩上走过

b) 一头穿靴子的奶牛从沙滩上走过

c) 一双遥控靴子从沙滩上走过

d) 一双有魔法的靴子从沙滩上走过

e) 有人被一架直升机吊着，用靴子在沙滩上印下了一串脚印我们意识到，绝大多数选项（也许除了 d 选项以外）都或多或少可以解释沙滩上留下的脚印。但我们也知道，通常奶牛是不穿靴子的，靴子也极少有遥控的，并且用直升机吊着一个人来制造靴子印记的这一行为很是奇怪。

通过推理，我们得出结论——a 选项是最好的解释。它与我们已知的人的行为方式相符合（人们偶尔会穿着靴子在海边散步）。

以同样的方式，你思考生活中遇到的其他问题和观点。通常情况下，会有一个最佳解释。当然，并不能因为这个解释看上去不错就认为它一定是真的，但这至少是一个很不错的开始！

也就是说，通过理性思考，你可以分析出什么是对的、什么是错的，什么是真的、什么是假的，而不是全盘接受其他人的观点。无论你遇到怎样的问题，最终都会找到解决方法。你可以从中发现新的可能性。你可以换个角度看问题，从而制订新的解决方案。这一切会带来社会和个人的不断发展。这也意味着你不会固执己见，认为自己是无所不知的。

成长的空间永远存在。

怎样才能不迷失自己

柏拉图相信理智的力量，他曾用一个神话故事阐述了这一点。在故事里，他将战车比喻成灵魂，这架战车由一名驭手和两匹有翅膀的飞马组成。其中一匹马代表人类的欲望，对金钱、享乐、权力等事物的渴望，它努力地向地面冲去；另一匹马代表人类的意志、勇气和激情，它努力地冲向没有边界的高空。

驭手代表人类理智的一面，试图平衡和掌控人的各种冲动和欲望。理智需要约束勇气并告诫："三思而后行。"如果一个人只凭着自己的勇气和激情行事，就很容易做出不太明智的举动。理智也需要约束人的欲望并告诫："适可而止。"如果我们被各种欲望驱使，我们将迷失自己。柏拉图认为，当理智能够驾驭灵魂的各个方面时，人才会行为得当。

我相信理智。

听起来挺理智的。

生命的意义是什么

那到底什么才是生命的意义呢？作为经典的哲学问题之一，我们该如何回答呢？在历史长河中，人们给出了不同的答案，或许这能带给你灵感，有一天，你也会找到属于自己的答案。

也有人认为，生命的意义就是生命本身，人们繁衍后代，维系家庭。演化指的是自然界中事物变化的过程，正是这一过程使得地球上诞生出不同的物种，现存的和已经灭绝的。这个词与"进化"同源于英语单词"evolution"，但比"进化"具有更宽泛的含义，可以是由简单到复杂的进化，也可以是由复杂到简单的退化。没有

答案在星座里！

我觉得，我在正确的道路上！

演化，我们就不会存在。当然，很多东西都不会存在，没有音乐、没有电影、没有文化、没有社会、没有想象、没有智慧、没有头脑、没有哲学、没有科学、没有爱情、没有艺术、没有学校、没有香蕉和黄瓜，也没有袍子和火蜥蜴。

你就是生命的意义！

读完这本书，你或许已经明白，人生并没有特定的意义，而你需要做的是创造一个对你来说有意义的人生！也许，我们必须创造属于自己的道德准则和生活准则，从而为人生赋予意义。就好像你我都在一部电影中，没有剧本，没有导演，没有人规定你该说什么或者该做什么。扮演

你觉得呢？

什么样的角色，经历怎样的情节，都是由你自己来决定。

这是你的人生！你不会永远活下去，在你还有机会时，以你的方式好好地生活。不要忘记你的梦想！

导演

镜次 .1
你的人生！

图书在版编目（CIP）数据

哲学真有用·答案不是唯一的 /（瑞典）彼得·艾克贝里著；（瑞典）延斯·阿尔伯姆绘；赵清译. -- 武汉：长江文艺出版社，2021.11
（未小读人文科普系列. 像哲学家一样思考）
ISBN 978-7-5702-2284-1

Ⅰ.①哲… Ⅱ.①彼… ②延… ③赵… Ⅲ.①哲学 – 少儿读物 Ⅳ.①B-49

中国版本图书馆CIP数据核字(2021)第132622号

TÄNK STORT

by Peter Ekberg (text) & Jens Ahlbom (illustrations)

湖北省版权局著作权合同登记号 图字：17-2021-159 号

哲学真有用·答案不是唯一的
ZHEXUE ZHEN YOUYONG · DAAN BUSHI WEIYI DE

选题策划：联合天际
特约编辑：邢　莉　　美术编辑：王颖会
责任编辑：黄　刚　　责任校对：毛　娟
封面设计：孙晓彤　　责任印制：邱　莉　胡丽平

出版：长江出版传媒　长江文艺出版社
地址：武汉市雄楚大街268号　邮编：430070
发行：长江文艺出版社
　　　未读（天津）文化传媒有限公司（010）52435752
http://www.cjlap.com
印刷：北京雅图新世纪印刷科技有限公司

开本：720毫米×1020毫米　1/16　印张：4.75　插页：2页
版次：2021年11月第1版　　2021年11月第1次印刷
字数：28千字

定价：108.00元（全三册）

版权所有，盗版必究（举报电话：027—87679308　87679310）
（图书出现印装问题，本社负责调换）

未小读
UnRead Kids
和世界一起长大

未读CLUB
会员服务平台